9

moralfilosofiska frågor i informationsåldern

Per-Olof Ågren

Förlag: Books on Demand GmbH, Stockholm, Sverige.
Tryck: Books on Demand GmbH, Norderstedt, Tyskland.
ISBN: 978-91-7699-005-6

Omslagsbild: *Der Sommer (Landschaft mit Liebespaar)* av Caspar David Friedrich (1807).

Innehållsförteckning

Förord

Det finns många skäl att i högre utsträckning än i dag undersöka och samtala om moralfilosofiska frågor i takt med att informationstekniken utvecklas.

Det främsta skälet är att vi tenderar att utforma digitala applikationer med högre automatiseringsgrad än förr. Ett annat skäl är att dessa automater eller robotar måste interagera med oss människor i sociala miljöer.

Ett tredje skäl är att dagens och framtidens digitala produkter har allt mer välutvecklade perceptionsförmågor: de hör, ser och känner sin omgivning på kvalificerade sätt. Och därmed hör, ser och känner de oss och kan lagra, bearbeta och kommunicera vad de vet om oss.

I denna essäsamling formulerar jag nio moralfilosofiska frågor, som jag finner rimliga att undersöka vidare och samtala om. Det är naturligtvis inte en uttömmande undersökning, utan ett inledande förslag till moralfilosofiska frågor att överväga i dag.

Frågorna är medvetet formulerade i en dualistisk anda. Frågorna kan enbart besvaras med ja eller nej. Frågorna kräver således ett ställningstagande av läsaren. Varje fråga följs av en essä som förhoppningsvis inte ger något uppenbart svar, men som bidrar till att öka förståelsen för varför den moralfilosofiska frågan ställs.

Bokens bidrag är därmed inte att ge svar, utan att inspirera läsaren att formulera både svar till frågorna, och argument för sina svar. Samt kanske att även inspireras till att formulera ytterligare moralfilosofiska frågor.

Flera av dessa essäer har i olika omfattning publicerats på Västerbottens-Kurirens kultursida. De har dock bearbetats och i vissa fall kombinerats för att passa bokens moralfilosofiska tema.

Umeå, december 2015
Per-Olof Ågren

Fråga 1

Bör den personliga integriteten skyddas?

Det är väldigt lätt att ta ställning i integritets- och övervakningsfrågor med en ryggmärgsreflex: Övervakning och avlyssning utgör hot och integriteten har ett starkt skyddsvärde. Eller en omvänd ryggmärgsreflex: Övervakning och avlyssning är ett skydd för medborgarna som inte hotar integriteten.

Professorn i praktisk filosofi, moralfilosofen Torbjörn Tännsjö, vittnar om denna ryggmärgsreflex. I ett debattinlägg i tidningen *Flamman* 2008 är Tännsjö ytterst kritisk till det han kallar övervakningssamhället, där medborgarnas privata rum står vidöppen inför myndigheterna. Denna vidöppenhet har skapats av "... lagar som tillåter hemlig telefonavlyssning, buggning, lagring av mobiltrafik och nu till sist också FRA-lagen, vilken upphäver brevhemligheten och gör avlyssningen till regel snarare än undantag".[1] Ett sådant samhälle ryggade Tännsjö inför då, 2008.

Två år senare skriver Tännsjö boken *Privatliv*, där han redan i förordet beskriver hur han gör en total helomvändning i frågan om övervakningssamhället. Från att ha varit en tydlig, säker och hängiven motståndare mot en ökad övervakning av medborgarna, argumenterar han för ett genomsiktligt samhälle, där medborgarna enligt honom bör välkomna myndigheters övervakning.

Tännsjö förespråkar inte en hemlig övervakning, utan en öppen, symmetrisk övervakning.

Men, nota bene, Tännsjö förespråkar inte en hemlig övervakning, utan en öppen, symmetrisk övervakning. Det betyder att de som övervakas ska ha samma insyn i verksamheten hos de som övervakar.

Skillnaden mellan Tännsjö 2008 och Tännsjö 2010 är att han ägnade en tid åt att genomföra en moralfilosofisk analys av integritets- och övervakningsproblemet. Slutsatsen blev oväntad, särskilt för honom.[2]

Med olika moralfilosofiska utgångspunkter får man relativt olika svar på om en viss hantering av en personuppgift eller en övervakningsföreteelse utgör ett intrång i den personliga integriteten eller inte. Tännsjö analyserar fyra olika moralfilosofiska traditioner: hederskulturens idé om respekt, rättighetstraditionens idé om självägande, pliktetikens idé om autonomi och utilitarismens idé om lämplighet.

För hederskulturen är det centralt att varje människa ska ha rätt att kontrollera den offentliga bilden av sig själv. Syftet är att vi ska ha möjlighet att korrigera eventuella felaktigheter så att inte vårt goda namn, ära och rykte fläckas. Flera integritetsskyddande lagar tar sin utgångspunkt i denna tradition. Förtalslagstiftning och förbud mot ärekränkning är två exempel på lagar som ska skydda människors goda namn och rykte. Det samma gäller Pul. Den utgick i sitt ursprungliga skick från att varje människa ska ges möjlighet att kontrollera bilden av sig själv genom att tvingas ge samtycke till varje form av publicering av dennas personuppgifter. Även om samtyckesregeln har luckrats upp kvarstår detta som lagens grundläggande intention.

Rättighetsetiken är en tradition där den juridiska äganderätten har överförts till det moraliska området. Denna tradition implicerar att vi äger våra uppgifter om oss själva och att ingen kan betrakta eller exponera oss utan vårt medgivande. Data om min person får inte registreras utan mitt samtycke. Om vi däremot offentliggör uppgifter om oss själva, har vi också gett upp våra rättigheter till uppgifterna. Denna tradition tycks lika hederskulturen, men skiljer sig väsentligen på en punkt. Denna tradition kan inte invända mot förtal eller annan kränkning av vår heder. Människor har nämligen ingen rätt till kontroll över uppgifter om sig själva som redan är offentliggjorda.

Pliktetiken bygger i allt väsentligt på Immanuel Kants moralfilosofi. För att förstå pliktetikens betydelse för integritetens problem är föreställningen om människan som autonom varelse central. Att vara autonom innebär att individen upplever sig fri i att välja sina handlingar och även ha förmågan att genomföra sina beslutade handlingar. Ju högre grad av autonomi individen upplever, desto bättre förutsättningar finns för ett gott liv. Ett autonomt liv förutsätter därför frånvaron av sådan övervakning som inkräktar på individens möjligheter att fatta egna beslut om sina livsval. För individer som tvingas till handlingar och personlig utveckling under överinseende av andra, reduceras möjligheten att utgå från det egna tänkandet och de egna erfarenheterna. Konformismen lurar runt hörnet, vilket är en motsats till autonomi.

Konformismen lurar runt hörnet, vilket är en motsats till autonomi.

Ju mer övervakade individer blir, desto större är risken att individer anpassar sitt varande och görande till övervakaren och dess intentioner. Den övervakade internaliserar övervakaren, vilket beskär autonomin.

Utilitarismens centrala idé är att människor ska maximera summan av lycka, genom att välja de handlingar som leder till maximal lycka. För utilitarismen är inte heder, äganderätt eller autonomi värden i sig som måste bevaras för sin egen skull, utan bör värderas utifrån den utsträckning de leder till ökad lycka hos individerna. För utilitaristen är det därmed inte ett problem i sig att vara övervakad på olika sätt, av olika aktörer. Tvärtom kan övervakningen leda till ökad lycka, genom en ökad upplevelse av säkerhet. Övervakning leder endast till problem om den tillämpas diskriminerande, genom exempelvis att den som övervakar gör det i hemlighet. Övervakningen måste vara symmetrisk; den övervakade ska ha samma insyn hos den som övervakar.

Tännsjö gör ingen hemlighet av sin moralfilosofiska ståndpunkt. Tvärtom. Det genomsiktliga samhället är en önskvärd effekt av en utilitaristisk moralfilosofi: "Har vi inget att dölja, har vi inte heller något att frukta", skriver Tännsjö.[3]

Dessa fyra moralfilosofiska utgångspunkter har alla en roll att spela i debatten kring vilken grad av integritet medborgare förväntar sig och vilken grad av övervakning av medborgarna som är rimlig i förhållande till övervakningens effekter. Min uppfattning är att integritetsdebatten i allmänhet lider brist på moralfilosofiska utgångspunkter, för att inte även säga intellektuella eller vetenskapliga utgångspunkter. Alltför ofta är det ryggmärgsreflexer som talar, vare sig det är för ett starkare integritetsskydd eller för att tillåta ökad övervakning av medborgare.

För att ta ställning om situationer av personregistrering och/eller övervakning utgör väsentliga hot mot den personliga integriteten, är de moralfilosofiska utgångspunkterna ovan relevanta grunder för argument för eller emot. Nedan följer några situationer att ta ställning till. Vad bör väga tyngre i respektive situation – skyddet av den personliga integriteten eller nödvändigheten av övervakning?

När en misstänkt person kan bindas till ett grovt brott med hjälp av DNA-analys, har frågan flera gånger väckts om vi inte borde ha ett nationellt DNA-register i Sverige. Syftet med ett sådant register skulle vara att kunna jämföra upphittat DNA på brottsplatser med DNA ur hela befolkningen och därmed snabbt kunna knyta innehavaren av ett visst DNA till en brottsplats. På så sätt skulle polis

Utgör ett heltäckande register av detta slag en kränkning av den personliga integriteten – eller är det en nödvändig personregistrering för att lösa brott?

och åklagare betydligt snabbare kunna ringa in misstänkta personer, är tanken. Utgör ett heltäckande register av detta slag en kränkning av den personliga integriteten – eller är det en nödvändig personregistrering för att lösa brott?

Röster har höjts för att installera fler och fler kameror för att övervaka offentliga platser, såsom skolgårdar, stadskärnor, gallerior, torg, tunnelbanestationer, trafikleder, hamburgerbarer, lokalbussar med mera. Syftet med kameraövervakningen är att lättare kunna identifiera människor som befunnit sig på en viss plats när ett brott har begåtts. Utgör en ökning av övervakningskameror på offentlig plats en kränkning av den personliga integriteten – eller är det en nödvändig övervakning för att lösa brott?

Sedan 2012 är Sveriges mobiloperatörer skyldiga att lagra trafikdata från sina kunders mobilanvändning i sex månader. Syftet är att brottsbekämpande myndigheter, exempelvis polisen, ska kunna begära ut trafikuppgifter om enskilda individer som misstänks för brott. Utifrån trafikuppgifterna kan man utläsa vem som kommunicerar med vem, var de som kommuniceras befinner sig vid olika tidpunkter och vilken typ av kommunikation som används (exempelvis telefoni, sms, mejl etc). Trafikdata i form av position vid olika tidpunkter lagras oberoende av om du använder mobiltelefonen eller inte, eftersom en mobiltelefon skickar signaler även när den inte används för kommunikation. Utgör denna form av övervakning av medborgares mobildata en kränkning av den personliga integriteten – eller är det en nödvändig övervakning för att lösa brott?

För några år sedan diskuterades ett förslag om att installera gps-teknik i alla bilar. På så sätt kan försäkringsbolag samla in data om varje förares körstil; var du kör, hur fort du kör, om du ofta gör häftiga inbromsningar eller snabba omkörningar. Försäkringsbolag kan då göra en riskprofil för varje förare och bestämma hur hög försäkringspremien ska vara utifrån vilka risker den enskilde föraren tar. Internationellt kallas detta fenomen "Pay as you drive". Utgör en sådan gps-teknik i bilar ett hot mot den personliga integriteten – eller är övervakningen rimlig för att bestämma rättvisare försäkringspremier?

I Sverige har Försvarets radioanstalt (FRA) laglig rätt att övervaka internetkommunikation som passerar landets gränser i syfte att finna förhindra aktiviteter som hotar rikets säkerhet. I USA har Edward Snowden avslöjat hur National Security Agency (NSA) övervakar tele- och internetkommunikation i stor skala, med samma syfte som svenska FRA: Att förhindra aktiviteter som hotar USA:s säkerhet. Utgör denna övervakning av internetkommunikation ett integritetshot eller är övervakningen rimlig för att bekämpa terrorism och andra brott?

Fråga 2

Bör människors användning av mobiler regleras?

Denna höst år 2015 nås vi av en anstormning av teknikkritiska texter, av regleringar av teknikanvändning, av en vilja att begränsa människors relation till mobilteknik och internet.

Den kanske mest stadigvarande kritiken mot internet och mobilteknik över tid, handlar om tiden unga människor lägger på datorspel. I denna kritikfåra har begrepp som datorspelsberoende och internetberoende skapats för att förstärka diskrediteringen av dylika beteenden. Genom att patologisera något, hoppas man att människor ska ändra sig.

Höstens kritiska röster mot mobilteknik och internet är något mer mångfacetterade. Det handlar om att barnmorskor i Norge och Sverige menar att nyförlösta mödrar inte ska använda mobiltelefoner i samband med amning eller annan omsorg om barnet. Argumentet är risken för sämre kontakt med barnet och därmed sämre förmåga att förstå sitt barns signaler.[4]

Liknande appeller kommer från personal i förskolan. Det händer att föräldrar som hämtar sina barn på förskolan möts av en skylt som säger något i stil med: "Vänligen stäng av telefonen. Du ska på ditt livs viktigaste möte... mötet med ditt barn". Argumentet är att barn inte ska uppleva sig sekundära i förhållande till mobiltelefonen.[5]

Även i grundskolan går lärare ut i debatten och förordar förbud mot mobiler i klassrummet. Att lärare samlar in elevers mobiltelefoner inför lektioner tycks inte vara så ovanligt, enligt

Även i grundskolan går lärare ut i debatten och förordar förbud mot mobiler i klassrummet.

kommentarerna till ett debattinlägg. Argumentet är att mobiler genererar stress och stjäl uppmärksamhet.[6]

Kritiken är likaså tydlig högre upp i utbildningssystemet. Amerikanska universitetslärare debatterar frågan och flera hävdar att de förbjuder användning av bärbara datorer och mobiler i lärosalarna. Argumentet är studenters bristande uppmärksamhet, men det syns även referenser till studier som visar att studenter som antecknar för hand lär sig mer än studenter som antecknar med digital teknik.[7]

I Umeå införs ett så kallat "skärmförbud" i kommunens simhall, det vill säga förbud mot att ta med mobiltelefoner eller andra datorer till själva bassängområdena. Argumentet är att drunkningsolyckor riskerar öka om föräldrarna brister i uppsikt över barnen.[8]

Mobilkritik går även att skönja som konstnärliga uttryck.

Mobilkritik går även att skönja som konstnärliga uttryck. Fotoserien *Removed* av fotografen Eric Pickersgill är ett intressant verk i svartvitt som gestaltar människor som interagerar med sin mobiltelefon i olika situationer – men där själva mobiltelefonen är bortretuscherad.[9]

Paret som ligger bredvid varandra i dubbelsängen med ryggen mot varandra och med ögonen fästa på sina handflator. Det nygifta brudparet som sitter på motorhuven på sin "just married"-bil och fingrar på var sin osynliga mobiltelefon. Kritiken i gestaltningen är tydlig: vi isolerar oss i rummet och syns vara beroende av mobiltelefonerna många situationer.

Ett gemensamt argument mot mobilteknik bland alla exempel kan utkristalliseras: Risken att vi brister i uppmärksamhet till vår omedelbara omgivning i rummet.

Om vi vänder oss till några nyligen publicerade böcker, återfinner vi motsvarande kritik. Som en fortsättning på sina tidigare internetkritiska böcker, har Andrew Keen skrivit boken *Internet är inte svaret*.[10] Här smäller han friskt på.

Här beskrivs internet som orsaken till en mängd negativa företeelser: framväxten av monopolföretag som Amazon, Google och Facebook, att företag som saknar tillgångar eller ens går med vinst köps för mångmiljardbelopp, att företag automatiserar arbetsprocesser som gör att arbetstillfällen går om intet, att de ekonomiska klyftorna i samhället ökar, att människor uttrycker hat mot varandra i sociala medier. Internet är enligt Keen ett gigantiskt misslyckande.

Problemet med Keens resonemang är inte de identifierade företeelserna, utan att han sammanblandar korrelation med kausalitet. Internet är inte orsaken till att ekonomiska klyftor i samhället ökar; det är avsaknad av politisk reglering av ekonomin. Det är inte internet som orsakar ökad automatisering i företag; rationalisering är en del av den kapitalistiska logiken. Och så vidare.

Sherry Turkle befinner sig på ett korståg med sin nya bok *Reclaiming Conversation*, i syfte att befria oss från mobiltelefonins tyranni. Hon vill att vi återtar samtalet ansikte mot ansikte i rummet. Reduceras sådan konversation, reduceras även vår empatiska förmåga, menar hon med referenser till gjorda studier. Vi behöver inte ta samma hänsyn till andras känslor när vi textar dem med mobilen, menar hon.[11]

Flykten från konversationen är en flykt från ett moraliskt förhållningssätt till medmänniskorna. Turkle önskar telefoner som designas för att användas så lite som möjligt; som avleder användarens uppmärksamhet från tekniken. Och hon oroas för nästa steg i teknikanvändningen: Att vi inte enbart talar med andra genom digital teknik, utan att vi alltmer talar med digitala prylar.

Vad bottnar dessa teknikkritiska uttryck i om vi vänder oss till den kritiska teknikfilosofin?

Vad bottnar dessa teknikkritiska uttryck i om vi vänder oss till den kritiska teknikfilosofin?

Är det Oswald Spenglers undergångstankar? Enligt Spengler är tekniken i det moderna samhället dömd att bidra till samhällets undergång, främst genom att allt organiskt, allt naturligt i människans värld förgiftas av den artificiella maskinen. På det följer att vi blir teknikens slavar, i stället för omvänt.[12]

Är det Paul Virilios dystopiska teknikfilosofi? Virilio menar att dagens teknik har gjort oss beroende av närhetssimulatorer – teve, webben, mobiltelefoner. Denna informationstekniska utveckling är den mest dystopiska människan skådat.[13]

Eller är det Vilém Flussers mediekritik? Flusser poängterar människans svårigheter att underställa tekniken sina egna avsikter, i det att vi tror att vi är fria att använda tekniken i vår tjänst. Snarare underställer vi oss teknikens avsikter, på det att tekniken programmerar ett samhälle i teknikens tjänst.[14]

Frågan är om vi bör reglera människors användning av mobil teknik och internet betydligt mer än vi gör i dag. Eller om vi bör betrakta viljan att reglera teknikanvändningen som ett uttryck för moralpanik.

Fråga 3

Bör robotar bli mänskliga?

I främst Japan och USA förekommer både kommersiell utveckling och forskning kring vad sociala robotar kan vara och göra, både som fritidsprodukter och som inslag i professionella verksamheter. Frågan är om sociala robotar kan bli för den sociala fabriken vad industrirobotar har blivit för den industriella fabriken. Nämligen en självklar rationaliseringsteknik.

I boken *Alone Together* utforskar Sherry Turkle relationen mellan människan och tekniken, särskilt mellan människan och sociala robotar.[15] Fundamentet för Turkles studier är att vi tycks allt mer bli emotionella med tekniska objekt och att vi tenderar att upprätthålla ett moraliskt förhållningssätt till sådana. När sociala robotar beter sig djur- eller människolikt, tenderar vi att rent moraliskt förhålla oss till dem som vore de djur eller människor. När en Furby säger "Me scared" triggar detta en moralisk reaktion, trots att man intellektuellt vet att Furbyn är en robot, ett tekniskt objekt.

Artificiell intelligens innebär att få maskiner att göra sådant som uppfattas som intelligent om det gjordes av människor. Nu står vi inför en parallell: emotionell intelligens, som innebär att få maskiner att uttrycka sådant som skulle uppfattas som känslor om det uttrycktes av en människa.

Ett av Turkles exempel är Wesley. Han är 64 år, självupptagen och svår att leva med, enligt honom själv. En social robot, menar han, skulle kunna bistå honom med social kontakt utan att Wesley sårar denne. En robot skulle kunna lära sig hans psykologi, som han uttrycker det, och stödja honom att ta sig ur hans depressiva perioder. Människor kan det inte. Det har ett liv av skilsmässor och psykologer lärt honom.

Tillit är en av hörnstenarna i mellanmänskliga relationer. När Turkle pratar med barn om relationer till robotar och människor kommer tilliten på tal. Några menar att de hellre skulle ha en robot som barnvakt än en människa; deras erfarenheter av barnvakter är att de är ouppmärksamma, självupptagna, ibland inte ens fysiskt närvarande. Så skulle aldrig en robot vara, *Det är lättare att lita på en robot än på en människa.* menar barnen. En robot skulle kunna programmeras att känna till det enskilda barnets behov. Det är lättare att lita på en robot än på en människa: "Du kan enbart lita på en människa om du känner henne (...) och det går fortare att lära känna en robot", som ett av barnen uttrycker det.[16]

Turkle studerar även det omvända; att vara barnvakt till en robot. En flicka i Turkles studie, Callie, älskar att vara barnvakt; hon älskar att känna sig behövd och att vara omhändertagande. Turkle låter henne pröva en barnrobot (en relativt avancerad programmerad docka) under några veckor.

Callie vet att barnroboten är en maskin, men bryr sig inte särskilt om det. Det viktiga är att den är tillräckligt levande för att väcka hennes känslor av att behövas för någon. När roboten säger "I love you" som en respons på Callies beteende, uppfattar hon det som ett genuint känslomässigt yttrande.

Sherry Turkle har också studerat experiment med sociala robotar i äldreboenden. Hon finner relativt hög acceptans för att robotar kan sköta vissa delar av omsorgen. I dessa experiment visar det sig att robotar kan dela ut medicin, hjälpa äldre att nå olika saker i sin omgivning och att övervaka dem, exempelvis genom att signalera om en person har ramlat och ligger på golvet. Acceptansen bygger emellertid till stor del på den personalbrist inom omsorgen som tycks vara universell och opåverkbar.

Sherry Turkles ärende är att varna oss för olika former av vänskaper med robotar. Att göra sig beroende av en robot är fullständigt riskfritt och kravlöst, eftersom roboten aldrig ställer några krav på motprestation eller på reciprocitet. Jämfört med ett liv med robotar, kan ett liv med människor *Att vänja sig vid sociala robotar är att vänja av sig med människor.* te sig besvärande; människor ställer krav, människor kan avvisa. Att vänja sig vid sociala robotar är att vänja av sig med människor.

En av Turkles slutsatser är att det är en fatal missuppfattning att betrakta sociala robotar som leksaker. De är mycket mer än så. Det förstår även barn. Men en än större missuppfattning är att sociala robotar kan ge genuina, mänskligliknande relationer. Sociala robotar utlovar vänskap, men kan aldrig leverera annat än föregivet agerande. Om vi uppfattar en relation till en robot som vänskap, kommer vänskapsbegreppet att degenerera, menar Turkle.

När du uppfattar en social robot som en vän, som någon att ha en relation till, förlorar du samtidigt en synnerligen viktig mänsklig egenskap: förmågan att se världen genom någon annans ögon. Och därmed förmågan till empati. Och, som Turkle så distinkt formulerar det, kanske är det när vi förlorar denna förmåga, som vi kan uppfatta en robot som en vän. Eller, vill jag tillägga, när vi tvingas att avstå från den förmågan.

En social robot kan höra vad jag säger, men kan aldrig lyssna på mig.

Ett fundamentalt behov hos en människa är att bli lyssnad på. En social robot kan höra vad jag säger, men kan aldrig lyssna på mig. Datorer förstår mänsklig erfarenhet lika lite som de alltid gjort, men datorer kan bättre än någonsin agera som om de förstår.

Den japanske robotforskaren Masahiro Mori beskrev i artikeln *The Uncanny Valley* redan 1970 den obehagskänsla människor får av robotar som efterliknar människor och människors egenskaper i hög grad, men ändå något för lite.[17]

Vi har inga känslomässiga problem med industrirobotar, vars design är totalt funktionell. Sådana robotar efterliknar inte människor vare sig till utseende eller beteende, utan utformas utifrån de uppgifter de avses att utföra.

Vi har inte heller några problem med robotar som ser ut som en tunna som går på hjul, likt R2D2 i Star Wars, eller ens C-3PO i samma filmer, trots att denna går upprätt likt en människa. Särskilt den sistnämnda roboten kan uppfattas som en humanoid, men som vi ändå inte känner igen som en människa.

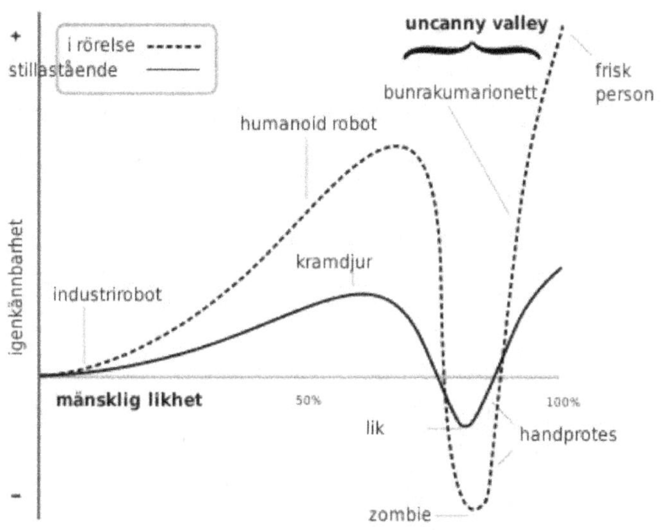

Figur 1. The Uncanny Valley. Källa: Wikipedia.

Robotar i form av kramdjur med djurlik päls, som reagerar på människors beteende ett djurlikt sätt närmar sig The Uncanny Valley. Om en robotkatt börjar spinna och i övrigt bete sig som en katt när man stryker dess päls med handen uppstår igenkännbarhet. The Uncanny Valley är emellertid en metafor för sådana robotar som främst framstår som människolika, inte djurlika.

Obehaget uppstår när en robot ges hud, hår, händer och en kropp som är helt proportionell i förhållande till en levande människa och rör sig på ett människoliknande sätt – men har någon form av egenskap som tydligt särskiljer den från en människa. Extremt igenkännbar, men ändå omöjlig att förväxla med en levande människa.

En död människa ger starka obehagskänslor, inte enbart därför att en människa mist livet, utan även därför att den har en människas många attribut – förutom att den döda inte andas eller kan röra sig. Därför är zombies *Zombies befinner sig enligt Mori allra längst ned i The Uncanny Valley.* så tacksamma figurer i skräckfilmer, eftersom de är i någon mening döda, men rör sig ändå likt levande människor. Zombies befinner sig enligt Mori allra längst ned i The Uncanny Valley.

Frågan är om vi överhuvudtaget bör försöka utforma robotar så att de efterliknar människan så långt som möjligt och riskera att sådana robotar alltid hamnar i The Uncanny Valley, då sådana enbart inger obehagskänslor hos människorna i robotarnas omgivning.

Fråga 4

Bör människan bli robot?

När det gäller robotar i civila sammanhang menar Linda Johansson i *Äkta robotar* att en nödvändig filosofisk diskussion måste handla om vad en människa är. Vad kan automatiska system göra som inte människan kan? Och främst – vad kan människan göra som inte robotar kan?

Ett av hennes svar landar i människans intuitiva och kreativa förmåga. Den erfarenhet och upplevda situationer som skickliga läkare, lärare, ingenjörer och liknande kan använda i sin yrkesutövning är särdeles svåra att automatisera.[18]

Visst, en automat kan extremt snabbt skanna av all forskningsinformation som finns kring ett visst sjukdomssymptom, men kan den efter palpering avgöra vad för slags behandling som krävs? Kan den överhuvudtaget palpera (det vill säga känna med fingrarna) för att avgöra vad som är fel?

Taylorismens tidsstudiemän detaljstuderade arbetsuppgifter med syfte att skapa underlag för ackordslön. Nu *Nu detaljstuderas arbetsuppgifter med syfte att reducera mänsklig arbetskraft, till förmån för robotar.* detaljstuderas arbetsuppgifter med syfte att reducera mänsklig arbetskraft, till förmån för robotar. Fingerfärdighet, originalitet, konstnärlighet, social förmåga, förhandlingsförmåga, övertalningsförmåga och omsorg om andra människor är exempel på sådant som är svårt för robotar att utföra.[19]

En utgångspunkt på 1980-talet för att lämna föreställningen om datorn som automat och snarare se den som ett verktyg handlade om tyst kunskap. Skickliga yrkesutövare har en tyst kunskap som inte kan implementeras i datorer, utan datorer ska utvecklas för att stödja människors befintliga tysta kunskap.

Där är vi i någon mening fortfarande. Samtidigt är det en riskabel position. Risken är att vi överlåter rationella processer och överväganden till robotar, medan det som kräver intuition, tyst kunskap och kreativitet lämnas åt människan.

Frågan är då om vi successivt reducerar människan som rationell varelse och uppfattar henne som alltmer irrationell, hänvisad till enbart grumliga förmågor.

Om nu intuition är en grumlig förmåga, vill säga. Den svenske filosofen Hans Larsson studerade intuitionen nogsamt. Han menade att intuitionen är samtidigt högst och lägst i människans utveckling.

> För mig ter sig saken, som nämndt, sålunda, att känslan har sin största styrka icke endast vid den lägsta utan ock vid den högsta polen af mänsklig utveckling.[20]

Upplysningstraditionen och framstegstanken utgår från att förnuftet åtskiljs från och är överordnat känslor och intuition. För Larsson leder emellertid denna åtskillnad till ett "... isoleradt lif, ett abstrakt lif".[21] Därför medger intuitionen möjligheten till en mer fördjupad förståelse av verkligheten. Den intuitiva förmågan är betydligt mer mångfacetterad än förnuftets analytiska förmåga.

> *Den intuitiva förmågan ligger då i den högre graden af agilitet, af lätthet att förflytta uppmärksamheten, att göra sig lös från en föreställning och återkomma till den och vara på en punkt och vara allestädes, vara i ögonblicket och vara i det förgångna, med ett ord i alla de skenbart själfmotsägande och underfulla konststycken som den ästetiska verksamheten lyckas i.[22]*

Frågan är om vi bör uppfatta utvidgningen av människan som en intuitiv varelse som en förlust.

Fråga 5

Bör självkörande bilar understundom döda?

Det finns moralfilosofiska problem som ständigt gäckar filosoferna. Och oss andra. Sådana problem berör ofta våra mest grundläggande värderingar om människor. Ibland förblir moralfilosofiska problem effektiva tankefigurer och diskussionsämnen. Ibland övergår de till praktiska problem som med nödvändighet måste lösas.

The Trolley Problem är ett sådant. Det kan spåras tillbaka till en essä av Philippa Foot, som 1967 företog en moralfilosofisk undersökning av skillnaden mellan intentionella handlingar och handlingars oönskade effekter.[23]

En trolley är en vagn av något slag, i detta fall en järnvägsvagn. Föreställ dig att denna vagn skenar längs en järnvägsräls, där spåret delar sig i två spår längre fram. På det vänstra spåret står fem järnvägsarbetare, på det högra spåret står en järnvägsarbetare. Där spåret delar sig finns en spårväxel.

Spårväxeln är inställd så att vagnen kommer att ta det vänstra spåret. Du står vid spårväxeln, men har inte möjlighet att varna arbetarna på spåren. Du har dock möjlighet att växla spår innan den skenande vagnen kommer till den plats där spåren delar sig.

Om du inte växlar spår, kommer fem personer att dö av den skenande vagnen. Om du växlar spår, kommer en person att dö av den skenande vagnen. Vad gör du?

En variant av problemet är The Fat Man Problem. Föreställ dig en vagn som skenar längs ett järnvägsspår som inte delar sig. Längre fram står fem järnvägsarbetare på spåret. Du står på en bro invid spåret och bredvid dig står en synnerligen tjock man, tillräckligt stor för att stoppa vagnen om han skulle hoppa ned på spåret framför vagnen.

Själv är du för lätt för att stoppa vagnen, men om du knuffar mannen ned på rälsen kommer vagnen att stoppas, de fem järnvägsarbetarna att överleva, men den tjocke mannen dör. Om du inte knuffar den tjocke mannen ned på rälsen kommer de fem personerna att bli överkörda av vagnen och dö. Vad gör du?

I en stor enkätundersökning från 2013 riktades ett stort antal frågor som berör filosofi till 1 972 filosofer världen över.[24] En av frågorna gällde The Trolley Problem. Vad skulle en filosof göra? Låta vagnen ha sin gång så att fem dör eller växla spår så att en dör?

Cirka 68% svarade att de skulle växla spår. Endast 8% svarade att de skulle låta vagnen ha sin gång. Övriga svarade inte, eller underkände frågan. En majoritet skulle alltså aktivt växla spår så att fem liv räddas till priset av ett.

Filosoferna fick inte frågan om The Fat Man Problem, men från andra studier kan man se att betydligt färre kan tänka sig att knuffa mannen framför spåret för att rädda fem personer.

En förklaring skulle kunna vara att den majoritet som växlar spår värderar människoliv numerärt, så att fem liv är mer värda än ett, vilket rättfärdigar att växla spår. Det förklarar dock inte varför en mindre andel väljer att knuffa den tjocke mannen. Värderar man inte människoliv på samma sätt i de bägge fallen?

Den förklaring som Philippa Foot undersökte handlar inte om värdering av människoliv, utan om att dessa två handlingar är fundamentalt olika. Intentionen med att växla spår är inte att döda en person, *Intentionen med att växla spår är inte att döda en person, utan att rädda fem personer.* utan att rädda fem personer. Att en person råkar dö under räddningsaktionen är en olycklig, icke avsedd konsekvens. Att knuffa den tjocke mannen framför spåret är en intentionell handling, där hans död inte är en sidoeffekt, utan en avsedd konsekvens.

Många människor tycks mena att det är tillåtet att utföra en god handling (rädda fem liv) även om det går att förutse dåliga konsekvenser (en person dör), men att det inte är tillåtet att utföra en ond handling (döda en tjock man) för att åstadkomma goda konsekvenser (fem liv räddas).

Snart är problem likt dessa något annat än tankefigurer och underlag för moraldiskussion. Google var först, men även vanliga biltillverkare arbetar intensivt med att utveckla och testa självkörande bilar, det vill säga automatiska IT-baserade system som agerar i sociala miljöer.

En självkörande bil är en bil med avancerad datorutrustning som samlar in data från sin omgivning, från sensorer, gps-data, ljud och rörelser via mikrofoner och kameror på bilen, och som med avancerade algoritmer kan styra, gasa och bromsa bilen i realtid.

> *Problemet med automatiska system i allmänhet är att de inte är automatiska, utan måste göras automatiska.*

Problemet med automatiska system i allmänhet är att de inte är automatiska, utan måste göras automatiska. Det innebär att vi på förhand måste bestämma hur en självkörande bil ska agera i givna situationer.

Föreställ dig att du åker i en självkörande bil på en bra, relativt rak väg i 90 km/h. Till vänster om vägen finns en bergvägg. Till höger om vägen finns en djup ravin. En bit framför bilen springer fem barn efter en boll. Den självkörande bilen uppfattar barnens närvaro framför bilen, men de är för nära bilen för att den ska hinna bromsa.

Den självkörande bilens algoritmer måste ha någon av följande tre handlingar programmerad för en situation som denna. Den första är att bromsa och köra rakt fram, vilket leder till att barnen blir påkörda och dör. Den andra är att svänga tvärt vänster in i bergväggen, vilket leder till att du dör. Den tredje är att svänga tvärt höger ner i ravinen, vilket också leder till att du dör.

Hur ska bilen programmeras?

Den majoritet som i The Trolley Problem svarade att de skulle växla spår med konsekvensen att en dör för att rädda fem, måste här välja något av alternativen två eller tre. Intentionen är att rädda fem barn, inte

Till detta moralfilosofiska problem avkrävs vi inte något ställningstagande när vi manuellt kör bil.

att döda dig som åker i bilen. Det är enbart en dålig konsekvens.

Till detta moralfilosofiska problem avkrävs vi inte något ställningstagande när vi manuellt kör bil. Vad du väljer om du hamnar i ovanstående situation är inte förutbestämt, utan situationsbundet. Jag håller dock för sannolikt att vi värderar våra egna liv högst.

Med självkörande bilar måste vi dock förhandsbestämma ett handlingsalternativ, som även gäller när vi själva åker i bilen.

Det finns emellertid ett ytterligare alternativ: Att alls inte tillåta självkörande bilar. Men då får vi heller inte veta vilken lösning av The Trolley Problem vi skulle enats om i skarpt läge.

Frågan är, givet att vi kommer att få se självkörande bilar på våra vägar, om dessa bör programmeras för att i första hand skydda bilens passagerare eller människor i bilens omgivning.

Fråga 6

Bör internet vara en plats för tiggare?

Den plötsliga tillkomsten av EU-migranter som försöker överleva genom att sitta utanför handelsplatser i svenska städer och be om en skärv från passerande medborgare väcker olika tankar och känslor. Till de mer extrema känsloyttringarna hör förslagen om förbud mot tiggeri.

Den moderata riksdagsledamoten Cecilia Magnusson föreslog på DN Debatt att tiggeri bör förbjudas.[25] Dagens Industri rönte uppmärksamhet för sin ledartext som föreslog liknande förbud.[26] I inledningen av 2015 lägger Norges justitieminister fram ett nationellt förslag om att förbjuda tiggeri.[27]

Sådana förslag strider mot fundament i mellanmänskliga relationer. Att tigga är i allt väsentligt ett sätt att be om hjälp. Ett förbud mot att be om hjälp måste ses som en inskränkning i yttrandefriheten. Bara för att ta ett exempel.

Samtidigt som vi oroar oss för ett utbrett tiggeri från fattiga EU-migranter, växer andra former av tiggeri på internet. Nej, det är riktigt, på nätet används inte ordet tiggeri, men om tiggeri betyder att be om ekonomiskt stöd för att uppnå något, är företeelserna de samma.

Ett förbud mot att be om pengar för olika ändamål skulle ikullkasta denna växande och från somliga håll hyllade finansieringsform.

På internet gäller termer som gräsrotsfinansiering eller folkfinansiering (crowdfunding).

Ett förbud mot att be om pengar för olika ändamål skulle ikullkasta denna växande och från somliga håll hyllade finansieringsform. Förr gällde det att stå med mössan i hand hos riskkapitalister eller att ansöka om medel hos offentliga finansiärer för att kunna genomföra olika projekt.

Det gäller förvisso fortfarande, men allt fler webbplatser uppstår med syfte att var och en kan lägga upp projektbeskrivningar och be allmänheten om pengar. På så sätt tänker man sig bort från en mecenatkultur, med enstaka givare som ger mycket till få, till en folkgivarkultur där många ger lite till flera. Eller bort från bankerna för att slippa återbetalningsansvar.

Kända internetsidor för gräsrotsfinansiering är Kickstarter och Indiegogo, och fler växer fram. Även nationella finansieringssidor, som exempelvis svenska CrowdCulture som specialiserat sig på gräsrotsfinansiering av kulturprojekt. Det går knappast att peka ut vilka typer av projekt som är mest förekommande på dessa internetsidor; allt tycks möjligt. Däremot kan man fundera på vad som påverkar givare att ge.

I början av 2014 formulerade den liberale debattören Johan Norberg ett bokprojekt på gräsrotsfinansieringssidan FundedByMe med arbetstiteln *Leva och låta dö*. Han bad om 100 000 kronor för att skriva boken, och han fick drygt 200 000 kronor från sammanlagt 421 givare.

Det blev också en bok som nyligen publicerades med samma titel som projektet. Av en recension på Expressens kultursida att döma är det en solskenshistoria; en hyperoptimistisk historia om vår framtid, inte olikt projektbeskrivningen för boken.[28] Är det så bokprojekt måste formuleras för att gräsrötter ska finansiera dem?

Kickstarter är den största samlingsplatsen för gräsrotsfinansiering. I skrivande stund uppger man att sedan starten har drygt 96 000 projekt finansierats med drygt 2,1 miljarder dollar från ungefär 9,9 miljoner gräsrötter.

Intresset för denna finansieringsform har även lockat forskare. Det florerar ett flertal undersökningar som på olika sätt försöker leda i bevis hur man ska bära sig åt för att få människor att skänka pengar till sitt projekt. Ett exempel är genom att analysera vilka ord som använts för att beskriva ett stort antal projekt, såväl lyckade som misslyckade, försöker några forskare slå fast semantiska prediktorer. Det tycks finnas samband mellan vilka ord som beskriver projekt och projekts lyckade (och misslyckade) finansiering.

Ett annat sätt att be om pengar på nätet är kontinuerlig donation, i stället för finansiering av tidsbegränsade projekt. Patreon är en något färskare variant av gräsrotsfinansiering, där var och en kan beskriva en pågående verksamhet som man önskar pengar för.

På Twitter finns kontot @neinquarterly som drivs av Eric Jarosinski. Han betecknar sig som "internetaforist" och levererar 140 tecken långa aforismer till sina närmare 100 000 Twitterföljare. Ett av flera sätt att finansiera sin verksamhet är att be om pengar på Patreon, i form av små belopp från många givare.

Forskning är ett område som länge har arbetat med olika typer av finansieringsformer. Utöver statliga medel och olika forskningsråd, finns en mångfald av fonder för främst medicinsk forskning som människor kan skänka pengar till. Vid en snabb anblick syns inte så många forskningsprojekt som ber om pengar på Kickstarter och liknande webbplatser.

En hypotes är att det är lättare att be om pengar för att kommersialisera vetenskap i form av produkter eller tjänster, än att få människor att skänka pengar till ren forskning.

En hypotes är att det är lättare att be om pengar för att kommersialisera vetenskap i form av produkter eller tjänster, än att få människor att skänka pengar till ren forskning. Wheat et al menar att gräsrotsfinansiering snarare bör syfta till en bättre relation mellan forskare och allmänhet.[29]

Potentialen för gräsrotsfinansiering, menar de, ligger i projekt som ökar transparensen till vetenskapen. Pro-

Kommer man med gräsrotsfinansiering via internet undan de problem mecenatkulturen har?

jekt som syftar till att nå ut med vetenskaplig kunskap på ett begripligt sätt, genom exempelvis populärvetenskapligt författande, skulle kunna be om pengar från gräsrötter.

Kommer man med gräsrotsfinansiering via internet undan de problem mecenatkulturen har? Att buga med mössan i hand för att få pengar är alltid en anpassning, oavsett mecenaten är en ensam, stenrik riskkapitalist eller en myriad människor som skänker några dollar var. Man anpassar sig till det givare förväntas gilla.

Den fråga vi måste ställa oss är om vi inte bör känna ett stort obehag inför benägenheten att skänka så mycket pengar till allsköns mer eller mindre meningsfulla projekt, samtidigt som det finns starka överväganden att kriminalisera människor som ber om pengar för sin och sin familjs överlevnad.

Fråga 7

Bör lönearbetet reduceras?

En gång i tiden var arbete något avskyvärt, något av ondo; den mest hotande distraktionen av det verkliga livet. Under Antiken formulerade Aristoteles idén om det goda livet som uteslöt arbetet, eftersom det goda livet är att utveckla kroppen och själen. Antikens lösning på arbetets problem var slaveri.

Industrialismens och vår tids lösning på arbetets problem skulle kunna vara teknikutveckling – om vi såg arbete som ett problem, vill säga. Vi skulle kunna utnyttja den potential ny teknik har av att ersätta mänskligt arbete för att reducera arbetets nödvändighet.

Det gör vi inte. Snarare arbetar vi allt mer. Varför gör vi det? Detta är en av utgångspunkterna i sociologen Roland Paulsens arbetskritiska bok *Arbetssamhället*.[30] Här gör han en snygg historisk odyssé över den omvärdering av arbetet som människan gjort: Från förbannelse i Antiken, till plikt via protestantismen – och därifrån till dagens värdering av arbete som rättighet. Det är en diametral omsvängning. Från viljan till frihet, till rätten att disciplineras.

Ett centralt analysverktyg i boken är det endimensionella tänkandet, hämtat från den kritiske teoretikern Herbert Marcuse. Det innebär i allt väsentligt en oförmåga att tänka en situation bortom den existerande; hur vi skulle kunna överbrygga skillnaden mellan det samhälle vi har och det samhälle vi skulle kunna ha. Den endimensionella människan ser enbart det existerande.

Konsumismen är ett av flera, men kanske det mest framträdande, exemplet på det endimensionella tänkandet. Övergången från en behovsekonomi till en överflödsekonomi förutsätter endimensionalitet, det vill säga ett aktivt undantryckande av vilket samhälle som skulle kunna vara möjligt när våra produktionsmöjligheter med råge överskrider våra produktionsbehov.

Lönearbete, menar Paulsen i den senare boken *Vi bara lyder*, har väsentligen ideologiska rötter. Eller rättare sagt, det som i dag kallas arbetslinjen. Att inte ha ett arbete innebär att befinna sig i det som ideologin benämner utanförskapet, till skillnad mot de innanför, de som har arbete.[31]

Som arbetslös måste man anstränga sig. Som arbetslös är man inte ledig utan arbetssökande på heltid. Som arbetslös måste man kontrolleras. Som arbetslös måste man ha svag ekonomi. Att vara arbetslös får inte vara bekvämt. Sådana uttryck kan ses som ren paternalism, men jag tolkar Paulsen som att det är uttryck för en ideologi som syftar till att vidmakthålla de arbetandes betalningsvilja för de människor som står utanför arbetsmarknaden.

I *Den andra maskinåldern* av Erik Brynjolfsson och Andrew McAfee pekar författarna på en polariserad samhällsutveckling. Vi ser i dag tekniska landvinningar som vi inte var i närheten av för tjugo år sedan. Datorkapacitet kombinerat med teknik för att samla in enorma datamängder kombinerat med extremt välutvecklade algoritmer synliggör exempelvis självkörande bilar, precisionsrobotik, textrobotar som levererar tidningsartiklar, faktaböcker och i förlängningen skönlitterär text, 3D-skrivare som kan konstruera 3D-skrivare.[32]

Vi befinner oss i en inflektionspunkt, med författarnas terminologi; en situation där den exponentiella utvecklingskurvan kröker sig och börjar peka uppåt. Ett signifikant tecken på denna inflektionspunkt är överflöd. Ett mått på överflöd är produktivitetstillväxt.

Vi ser en produktivitetsökning, trots att vi mäter den andra maskinålderns värden med den första maskinålderns mått.

Den senaste tidens produktivitetsökningar kan inte förklaras av ökad arbetstid eller mer kapital, utan av ny digital teknik. Vi ser en produktivitetsökning, trots att vi mäter den andra maskinålderns värden med den första maskinålderns mått.

BNP mäter det ekonomiska värdet av utförd produktion av varor och tjänster. I den andra maskinåldern – den digitala – pågår en stor och allt mer växande produktion av digitala tjänster som betingar ett högt värde för oss människor, men bidrar ytterst lite till länders BNP. Hur högt värderar vi fria sökmotorer, uppslagsverk, alla gratisappar till telefonen, alla plattformar för informationsdelning och kommunikation?

Väldigt högt. Men allt användargenererat innehåll, de digitala gratistjänsterna och det som kallas delningsekonomi syns inte i officiell ekonomisk statistik. Det är en mängd ouppmätt arbete som skapar stora ouppmätta värden.

Med stor produktivitetstillväxt ökar de ekonomiska klyftorna om inte lönerna ökar.

Det är den ena polen i samhällsutvecklingen: överflödets tillväxt. Den andra polen är de ekonomiska klyftornas tillväxt.

Med stor produktivitetstillväxt ökar de ekonomiska klyftorna om inte lönerna ökar. I den första maskinåldern ökade människors löner i takt med produktiviteten, medan lönerna har närmast slutat följa produktiviteten på senare tid. Det skapar ett fåtal vinnare och en stor mängd förlorare på var sin sida klyftan. Digitalisering kan skapa marknader, där den ekonomiska insatsen kan vara låg för att producera en viss tjänst, men intäkterna enorma.

Här hopar sig frågorna. Om överflödet blir allt större, varför växer samtidigt klyftorna? Varför fortsätter vi behålla arbetslinjens mål att hela arbetskraften ska arbeta 40 timmar i veckan, när den digitala utvecklingens rationaliseringar genererar högre arbetslöshet än nya arbeten?

De förespråkar emellertid inte en samhällsmodell som reducerar det nödvändiga arbetet, även om de diskuterar modeller såväl för basinkomst som för minskad kapitalkoncentration. Arbetet är välgörande, menar de, eftersom arbete inte enbart ger oss pengar, utan även är "en central väg till flera andra saker: egenvärde, sunda värderingar, struktur och värdighet, för att bara nämna några".[33]

Är detta en begränsad människosyn eller en begränsande människosyn? Är människan oförmögen att skapa ett gott liv, goda samhällen och goda människor utan lönearbetet? Svaret är att vi sannolikt bör förbereda oss på den situationen.

I rapporten *Vartannat jobb automatiseras inom 20 år – utmaningar för Sverige*, publicerad av Stiftelsen för strategisk forskning, redovisas en studie över hur olika yrken har detaljstuderats och de arbetsuppgifter som ingår i yrkena, för att bedöma i vilken utsträckning arbetsuppgifter och yrken skulle kunna datoriseras och automatiseras.[34]

Yrken eller arbeten som lättast kan automatiseras är inte nödvändigtvis sådana som har många utövare. Fotomodell är ett sådant exempel. Yrken som toppar automatiseringsligan och ändå har hyfsat många utövare är bokföring och redovisning, maskinoperatör, kassapersonal och försäljare i detaljhandel.

Yrken som svårligen datoriseras är skogsmästare, präster, speciallärare, politiker, chefer på olika nivåer, psykologer, socialsekreterare samt olika typer av lärare. Och naturligtvis yrken som handlar om att konstruera och programmera datorer och robotar.

Sammantaget hävdas i rapporten att i storleksordningen 2,5 miljoner arbetstillfällen kommer att försvinna i Sverige de närmaste två decennierna, med antagandet att prognoserna om datoriseringstakten håller i sig.

Det blir därmed allt svårare att sysselsätta alla arbetsföra i befolkningen med lönearbeten. Investeringar i ny teknik minskar behovet av anställda samtidigt som produktion av nya varor och tjäns-

ter inte fångar upp den arbetskraft som blir umbär-
lig i rationaliseringsprocesser.

I dagens knapphetsekonomi ses arbetet som en resurs för individen; individer som utestängs från produktionen har genom olika politiska beslut blivit samhällets resurssvagaste.

Om två decennier kanske en delvis frånvaro av lönearbete ses som en mer betydelsefull resurs i en överflödsekonomi; ju mindre individer deltar i produktionen, desto resursstarkare blir de.

Frågan är om vi bör reducera det nödvändiga lönearbetet i takt med automatisering och rationalisering, eller om vi bör lägga än mer energi på att skapa nya lönearbeten.

Fråga 8

Bör kapitalismen överleva i informationsåldern?

Under 1980-talet inleddes den postmoderna kritiken av de stora berättelserna och varslen om deras förestående död. Stora berättelser är universella, sammanhållande tankesystem som förklarar företeelser och människors beteenden i samhället. Ideologier (marxism) och religioner (kristendom) är typexempel på stora berättelser som förtvinar.

En stor berättelse har emellertid överlevt, men håller nu på att mötas av stark kritik och ifrågasättande. Det är kapitalismen, det ekonomiska system som genomsyrar i stort sett hela världen, såväl på systemnivå som på individnivå.

Kapitalismen som stor berättelse förstärktes av Francis Fukuyamas tes om historiens slut i början av 90-talet: Den liberala marknadsekonomin är det enda och slutgiltiga alternativet för samhällens existens. Kapitalismen har blivit ett slags naturtillstånd. Nu höjs allt fler kritiska röster mot den oreglerade, nyliberala kapitalistiska berättelsen.

Rasmus Fleischer menade i sin bok *Tapirskrift* att vi har nått kapitalismens kulmen: "För första gången i kapitalismens historia är det mer arbetskraft som görs överflödig, än vad som absorberas i produktionen av nya konsumtionsvaror."[35]

Roland Paulsen röner stor uppmärksamhet för sina arbetskritiska texter i böcker som *Arbetssamhället*[36] och *Vi bara lyder*[37], samt som skribent på DN:s kultursidor. En av hans poänger är att kapitalismen skapar onödig produktion som vida överskrider vad miljön och klimatet tål, och därmed så mycket onödigt arbete.

Thomas Piketty visar i *Kapitalet i det tjugoförsta århundradet* med historiska dataserier hur den ekonomiska ojämlikheten eskalerar och hur inkomsterna ökar mest hos den rikaste procenten av befolkningen. Kapitalismen har skapat en inkomstkoncentration av ett slag vi aldrig sett.[38]

Går det att skönja någon framtidsvision, något uttryck för ett alternativt ekonomiskt system? Återreglering av finanssektorn, behovsprövning av produktionen, arbetstidsförkortning och medborgarlön är exempel på enskilda pusselbitar, men utan att själva pusslet benämns eller beskrivs.

Mason menar att vi ser enorma kriser som kommer att skapa kaos i ett kapitalistiskt system om vi inte förändrar systemet radikalt.

Den brittiske ekonomijournalisten och ekonomiredaktören på brittiska Channel 4, Paul Mason, gör ett försök och samlar sin ekonomijournalistiska erfarenhet till att beskriva kapitalismens kollaps och ett ekonomiskt system efter kapitalismen i boken *Postcapitalism*. Mason menar att vi ser enorma kriser som kommer att skapa kaos i ett kapitalistiskt system om vi inte förändrar systemet radikalt.[39]

Vi ser klimatförändringar, främst i ökningen av jordens medeltemperatur, som riskerar leda till katastroftillstånd. Vi ser en växande åldrande befolkning i förhållande till befolkningen i arbetsför ålder, vilket genererar försörjningsproblem. Vi ser en växande ekonomisk ojämlikhet. Vi ser stater drunkna i skulder. Vi ser den ekonomiska elitens förnekande av problemen; en elit som är övertygad om att marknaden kan lösa alla problem.

Antingen låter vi kapitalismen kollapsa och bygger något nytt ur ruinerna, eller så försöker vi förekomma kollapsen, tycks vara Masons tes. Vi har ett enastående verktyg för att bygga ett nytt system, menar han. Informationstekniken fungerar som en del av kapitalismens kollaps, i och med att allt fler arbeten kan automatiseras och därmed reducera behovet av arbetskraft. Informationstekniken har också raserat den traditionella relationen mellan arbetsinsats och lön.

Informationstekniken fungerar även som en del av lösningen. Mason pläderar för ett ekonomiskt system kallat Project Zero. Nollprojektet. I en informationsekonomi tenderar marginalkostnader att gå mot noll. Att skapa och distribuera digitala kopior kostar nästan inget. Traditionella prismekanismer kollapsar. Han ser Wikipedia som ett typexempel för en informationsekonomi: människor som genom nätverkande och samarbete genererar stora värden för ingen lön.

Vad ser Mason utöver att utveckla informationsekonomin? Nu är vi har verktyg för att skapa hyggliga förutsägelser om framtiden, bör vi använda dessa som beslutsunderlag i stället för att låta marknaden agera med sin osynliga hand. Dessutom: socialisera monopolen. Om monopol ska finnas, ska de ägas av det gemensamma. Socialisera även det finansiella

Den åtgärd i Projekt Zero som får mig att le i mjugg är "Liberate the one per cent".

systemet, för att undvika skenande krediter och marknadsbubblor.

Med en basinkomst för alla, klipper vi banden mellan arbete och lön, lyfter människor från prekariat samt skapar ett motgift till det onödiga arbetet. Den åtgärd i Projekt Zero som får mig att le i mjugg är "Liberate the one per cent". Den rikaste procenten, den som äger mer än den fattigaste halvan av världens befolkning, måste befrias från det ok denna ohemula rikedom innebär.

Kritikerna, de som vill bevara ett kapitalistiskt system, har snabbt reagerat mot Masons postkapitalism. Kapitalismen, menar de, är det allra mest adaptiva system människan skapat. Därmed kommer kapitalismen att anpassa sig till de tekniska förändringar kapitalismen själv bidragit till. Samt som den främsta kritiken: hur är det överhuvudtaget möjligt att byta ett globalt ekonomiskt system?

Om kapitalism är en naturlig form av ekonomiskt system, som bygger på att människan är en konkurrerande egoist och att marknader styrs av "osynliga händer", är det människans uppgift att lämna naturtillståndet för ett moraliskt tillstånd. Ett moraliskt tillstånd utgår från att människor är samarbetar och är välvilliga mot andra samt att vi i högre grad utformar gemensamma regler för olika verksamheter.

Filosofen Thomas Hobbes menade redan på 1600-talet att varje naturtillstånd är en form av krigstid, där alla är allas fiende. Ett naturtillstånd är fasansfullt för alla.

Paul Masons bidrag är att stödja läsaren att föreställa sig rörelsen från ett ekonomiskt naturtillstånd till ett moraliskt tillstånd. Eller med andra ord: det kapitalistiska tillståndet är inte ett historiskt nödvändigt tillstånd, utan ett hypotetiskt tillstånd. Och därmed möjligt att förändra.

Frågan är om vi bör verka för en grundläggande förändring av det kapitalistiska systemet i informationsåldern eller om vi bör lita på dess adaptionsförmåga.

Fråga 9

Bör maskinernas förmågor optimeras?

Vanligtvis söker människan optimera sig eller sina prestationer inför ett test eller ett prov eller en granskning. Det är sällan som människan medvetet försöker sänka sin förmåga att prestera vid tester eller prov. Den som inte vill optimera sin prestation på ett prov, brukar avstå provet.

Det mest uppenbara exemplet är idrott. Självfallet ser varje idrottare till att toppa formen till stora mästerskap eller tävlingar, så att den egna prestationen optimeras. Själva tävlingen har upprättade regelverk inom vilka gränser optimeringen får förekomma.

Andra exempel är när vi söker arbete. Vad de flesta gör är att optimera bilden av sig själv, så att man framstår som den mest lämpade för ett visst arbete. Eller när vi löneförhandlar; vi vill optimera den bild av oss som ger den bästa löneutvecklingen.

Vi kunde nyligen läsa att Umeå universitet har klättrat i en prestigefylld internationell rankning över världens universitet.[40] Det är självfallet glädjande. Vad Umeå universitet och andra universitet som klättrar i rankningslistor gör för att klättra, är att försöka optimera sin verksamhet i förhållande till det regelverk som bestämmer vad som mäts i ett rankningssystem. I detta fall forskningspublicering och citeringar.

Varje år deklarerar vi våra ekonomiska verksamheter, så att skattemyndigheten får ett underlag för sin
Men inte bara människor försöker optimera sina prestationer inför prov och tester; självfallet gäller detta även våra maskiner.
taxering. Det innebär i flera avseenden att optimera sin ekonomiska verksamhet så att skatteuttaget blir så gynnsamt som möjligt för den enskilde,

men inom ramen för existerande regelverk för taxering.

Men inte bara människor försöker optimera sina prestationer inför prov och tester; självfallet gäller detta även våra maskiner.

Googles sökmotor är ett mycket typiskt exempel. Googles sökmotoralgoritmer avgör i vilken ordning svaren listas när vi söker med Googles sökmotor, genom att lagra och analysera våra sökningar. Eftersom det är viktigt att hamna högt i träfflistan, försöker många företag, organisationer och privatpersoner optimera sina webbplatser så att de hamnar högt i träfflistan vid sökningar och därmed synliggörs bättre.

Frågan för denna essä är inte om vi är på väg mot en optimeringskultur, eftersom optimering är en företeelse lika gammal som människan.

Ett aktuellt skäl till att formulera frågan på detta sätt är den uppmärksamhet Volkswagen har fått för de utsläppstester som uppvisat olika resultat.

Frågan är snarare hur tillåtande vi är att datorer och datorstyrda maskiner optimerar sina prestationer.

Ett aktuellt skäl till att formulera frågan på detta sätt är den uppmärksamhet Volkswagen har fått för de utsläppstester som uppvisat olika resultat. På en teknisk detaljnivå är det knappast klarlagt vad och hur Volkswagen har gjort för att optimera testade bilars utsläpp, men i stora drag vet vi.

Volkswagen har med olika typer av sensorer, kopplade till den testade bilens dator, känt av vilken situation bilen befinner sig i. Om sensorerna känner att bilen står inför ett avgastest i ett testlaboratorium, är bilens dator programmerad så att bilmotorn optimerar sin prestanda i förhållande till vad testet mäter.

En av de viktigaste parametrarna var motorernas utsläpp av kväveoxid. Det innebär att när bilens dator känner av testsituationen, optimerar datorn motorstyrningen så att utsläpp av kväveoxid optimeras, det vill säga blir så litet som möjligt.

När så forskare testade Volkswagens bilar utanför testsituationen, på vanlig landsvägskörning, visade utsläppen av kväveoxid betydligt högre värden än testerna. Det berodde på att bilarnas datorer inte kände igen någon testsituation och ställde därför inte om motorstyrningen till att optimera utsläpp av kväveoxider.

Landsvägskörning är en situation där andra parametrar ska optimeras, som exempelvis kraftöverföring, acceleration och liknande.

Nu anklagas Samsung för något liknande: När dess teveapparater testas i laboratoriemiljö optimeras ljusstyrkan, så att elförbrukningen blir så låg som möjligt. En europeisk forskargrupp har gjort ett test, liknande det som gjordes på VW-bilar, där de hävdar att elförbrukningen är betydligt högre vid vanlig användning av teven. Det ska dock sägas att Samsung har kraftfullt motsatt sig anklagelserna.[41]

Händelsen med Volkswagens avgastest ovan är ett lysande exempel på hur vi bygger in situationsanpassad optimering i våra datorer och datorstyrda maskiner. Vi kan kalla detta anpassningsoptimering. Ju bättre datorerna blir på att avläsa sin omvärld med ständigt utökade sensoriska förmågor, på att avgöra vilka situationer datorerna befinner sig i, desto optimalare kommer datorer-

Varför skulle inte datorer optimera sin prestanda utifrån rådande situation?

nas prestationer att bli i förhållande till situationerna.

Varför skulle inte datorer optimera sin prestanda utifrån rådande situation?

På systemnivå kan vi föreställa oss många datorstyrda system, där detta är högst önskvärt. Jag

På individnivå ser vi början på anpassningsoptimering som styrs av våra mobiltelefoner.

föreställer mig att eldistribution styrs av datorer som känner av från vilka energikällor det är mest optimalt att distribuera elektricitet.

På individnivå ser vi början på anpassningsoptimering som styrs av våra mobiltelefoner. En grupp spanska forskare har utvecklat en mobilapp som känner av när dess användare är uttråkade och börjar då aktivt rekommendera olika typer av aktiviteter, som exempelvis ta del av information på nätet, läsa meddelanden, kolla sociala medier och annat.

Man anpassar mobiltelefonens användning till individens känslotillstånd, för att optimera tråkighetens och ledans motsats.

Volkswagenexemplet belyser även vad vi kan benämna empirisk närsynthet. Med det menar jag att vi har lätt för att rasa över ett enskilt exempel, men svårare att uppfatta de strukturer eller den samhällsutveckling exemplet är en del av.

Att Volkswagen och andra som tillverkar datorstyrda maskiner bygger in någon form av anpassningsoptimering borde inte förvåna oss. Särskilt inte mot bakgrund av den optimeringskultur som människan omhuldat länge, och som nu i allt högre takt implementeras i datorer.

Frågan är emellertid om vi bör tillåta tillverkare av datorstyrda maskiner att variera maskinernas optimering av deras prestationer i förhållande till olika mätsituationer.

Noter

1   Tännsjö, Torbjörn (2008). "En skön ny värld?".
Flamman, 080731. Webbpublikation, senast hämtad
151125. <http://www.flamman.se/en-ny-skon-varld>

2   Detta kapitel bygger till stora delar på boken
Tännsjö, Torbjörn (2010). *Privatliv*. Stockholm: Fri
tanke.

3   Tännsjö (2010, s 83).

4   Karlsson, Mats (2015). Barnmorskor: Använd
inte mobilen vid amning. *SvD*, 151026. Webbpub-
likation, senast hämtad: 151125. <http://www.svd.
se/larm-anvand-inte-mobilen-vid-amning>

5   Adolfsson, Viktor (2015). Förskolans skylt ska
få föräldrar att lägga undan mobilen. *Aftonbladet*,
150504. Webbpublikation, senast hämtad: 151125.
<http://www.aftonbladet.se/nyheter/article20735653.a
b>

6   Persson, HåGe (2015). Mobilfria klassrum gör gott för barn. *Expressen*, 151030. Webbpublikation, senast hämtad: 151125. <http://www.expressen.se/debatt/mobilfria-klassrum-skulle-gora-gott-for-barn/>

7   Ziliak, Stephen (2015). Texting Off in Class. *Inside Higher Ed*, 150317. Webbpublikation, senast hämtad: 151125. <https://www.insidehighered.com/views/2015/03/17/essay-about-one-professors-crusade-against-class-texting>

8   Andreasson, Ted (2015). Politikerna backar upp skärmförbudet. *Västerbottens-Kuriren*, 151103. Webbpublikation, senast hämtad: 151125. <http://www.vk.se/plus/1562523/slutsurfat-i-simhallen>

9   Fotoserien *Removed* av Eric Pickersgill kan ses på webbplatsen <http://www.removed.social>.

10   Keen, Andrew (2015). *Internet är inte svaret.* Stockholm: Volante.

11   Turkle, Sherry (2015). *Reclaiming Conversation. The Power of Talk in a Digital Age.* New York: Penguin Press.

12   Spengler, Oswald (2012[1931]). *Människan och tekniken. Bidrag till en ljusfilosofi.* Stockholm: Arktos.

13   Virilio, Paul (2002). *Ground Zero*. London: Verso.

14   Flusser, Vilém (1988). *En filosofi för fotografin*. Göteborg: Korpen.

15   Turkle, Sherry (2011). *Alone Together. Why we expect more from technology and less from each other.* New York: Basic Books.

16   Ibid, sid 71.

17   Mori, Masahiro (2012[1970]). The Uncanny Valley. *IEEE Robotics & Automation Magazine*, June 2012.

18   Johansson, Linda (2015). *Äkta robotar*. Stockholm: Fri Tanke.

19   Stiftelsen för strategisk forskning (2014). *Vartannat jobb automatiseras inom 20 år – utmaningar för Sverige.* Stockholm: Stiftelsen för strategisk forskning.

20   Larsson, Hans (1997[1891]). *Intuition. Några ord om diktning och vetenskap.* Stockholm: Föreningen Dialoger, sid 14.

21   Ibid, sid 14.

22   Ibid, sid 20f.

23   Foot, Philippa (1967). The Problem of Abortion and the Doctrine of the Double Effect. *Oxford Review*, No 5.

24   Bourget, David och Chalmers, David J (2014). What Do Philosophers Believe? *Philosophical Studies*, 170 (3), sid 465-500.

25   Magnusson, Cecilia (2014). Förbjud gatutiggeriet för att minska risken för fattigdom. *Dagens Nyheter*, 140813. Webbpublikation, senast hämtad: 151125. <http://www.dn.se/debatt/forbjud-gatutiggeriet-for-att-minska-risken-for-fattigdom/>

26   Nilsson, PM (2014). Den kallaste julen. *Dagens industri*, 141222. Webbpublikation, senast hämtad: 151125. <http://www.di.se/di/artiklar/2014/12/22/le dare-den-kallaste-julen/>

27   Henricson, Emelie (2015). Norsk majoritet för förbud mot tiggeri. *Expressen*, 150124. Webbpublikation, senast hämtad: 151125. <http://www.ex pressen.se/nyheter/norsk-majoritet-for-forbud-mot-tiggeri/>

28   Elmbrant, Björn (2015). Optimistjoller. *Expressen*, 150110. Webbpublikation, senast hämtad: 151125. <http://www.expressen.se/kultur/optimistjoll er>

29   Wheat, Rachel et al (2013). Raising money for scientific research through crowdfunding. *Trends in Ecology & Evolution,* Vol 28, Issue 2, sid 71-72.

30   Paulsen, Roland (2010). *Arbetssamhället.* Stockholm: Gleerups.

31   Paulsen, Roland (2015). *Vi bara lyder. En berättelse om Arbetsförmedlingen.* Stockholm: Atlas.

32   Brynjolfsson, Erik och McAfee, Andrew (2015). *Den andra maskinåldern. Arbete, utveckling och välstånd i en tid av briljant teknologi.* Göteborg: Daidalos.

33   Ibid, sid 270.

34   Stiftelsen för strategisk forskning (2014). *Vartannat jobb automatiseras inom 20 år – utmaningar för Sverige.* Stockholm: Stiftelsen för strategisk forskning.

35   Fleischer, Rasmus (2013). *Tapirskrift.* Stockholm: Axl Books, sid 266.

36   Paulsen, Roland (2010). *Arbetssamhället.* Stockholm: Gleerups.

37   Paulsen, Roland (2015). *Vi bara lyder. En berättelse om Arbetsförmedlingen.* Stockholm: Atlas.

38   Piketty, Thomas (2015). *Kapitalet i det tjugoförsta århundradet*. Stockholm: Karneval.

39   Mason, Paul. (2015). *Postcapitalism. A guide to our future*. London: Penguin Random House.

40   Wallin, Bo (2015). Umeå universitet klättrar. *Västerbottens-Kuriren*, 151001. Webbpublikation, senast hämtad: 151125. <http://www.vk.se/ 1540435/umea-universitet-klattrar>

41   Neslen, Arthur (2015). Samsung may be about to have its own Volkswagen scandal. *Business Insider*, 151002. Webbpublikation, senast hämtad: 151125.   <http://uk.businessinsider.com/samsungmay-be-about-to-have-its-own-volkwagen-scandal-201510?r=US&IR=T>